SOCIÉTÉ ANATOMIQUE

ÉLOGE

DE

M. LE PROFESSEUR BÉHIER

Prononcé dans la Séance annuelle du Vendredi 12 Janvier 1877

PAR

LE DOCTEUR HENRY LIOUVILLE

VICE-PRÉSIDENT

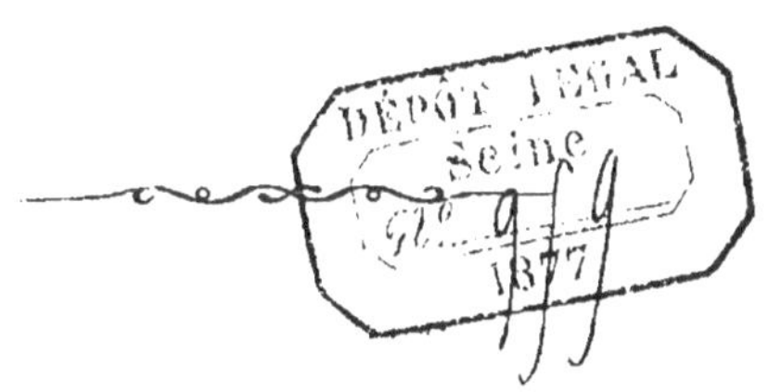

PARIS

TYPOGRAPHIE ET LITHOGRAPHIE V^{es} RENOU, MAULDE ET COCK

144, RUE DE RIVOLI, 144

—

1877

SOCIÉTÉ ANATOMIQUE

ÉLOGE

DE

M. LE PROFESSEUR BÉHIER

Prononcé dans la Séance annuelle du Vendredi 12 Janvier 1877

PAR

LE DOCTEUR HENRY LIOUVILLE

VICE-PRÉSIDENT

PARIS

TYPOGRAPHIE ET LITHOGRAPHIE Vᵉᵉ RENOU, MAULDE ET COCK

144, RUE DE RIVOLI, 144

1877

ÉLOGE DE M. LE PROFESSEUR BÉHIER

Messieurs,

En acceptant la mission de rappeler devant vous une partie de la vie scientifique de l'un des membres dont la Société a le plus vivement ressenti la perte, d'un professeur laborieux et dévoué, qui honorait la science et qui adorait la jeunesse, — de M. Béhier, — j'accomplis d'une part, comme je le dois, le devoir que vous imposez à ceux qui ont reçu de vos suffrages l'honneur de la vice-présidence.

Mais, en envisageant la grandeur même de la tâche, je sens que d'autres voix, beaucoup plus autorisées que la mienne, auraient dû se faire entendre aujourd'hui, et qu'il appartenait surtout à des Maîtres compétents et estimés de parler dignement d'un Maître, dont un grand nombre d'entre nous s'honorent d'avoir été les disciples.

M. Louis-Jules Béhier, qu'il nous était encore donné d'entendre comme professeur de clinique médicale à l'Hôtel-Dieu, presque jusqu'à la veille de sa mort (7 mai 1876), est entré à 23 ans dans la Société anatomique. Il y fut admis le 20 avril 1836, pendant son internat même, situation qu'il avait tant désirée, et qu'il obtenait à 21 ans, en 1833, dans une promotion qui ne comptait que dix-neuf élus.

Comme pour les vrais travailleurs, l'internat devait être pour lui une des phases les plus animées de son existence si active ; ce fut certainement une des époques de sa vie que plus tard il se plaisait le mieux à rappeler : « Jour heureux entre « les jours heureux, » disait-il dans l'éloge du professeur Rostan qui sortit, en 1805, victorieux d'un concours où figuraient avec lui Béclard, Chomel et Lisfranc ; « jour heu- « reux que celui où l'on obtient ce titre tant désiré d'interne ! « Tous nous en avons gardé le plus vif souvenir. C'est le « premier succès important dans la vie médicale ; aussi les « fatigues du travail opiniâtre qu'il a fallu s'imposer pour « réussir sont bien vite oubliées au milieu des aspirations « vers l'avenir que ce nouveau titre soulève dans de jeunes « intelligences. »

Cette impression, bon nombre d'entre vous, Messieurs, l'ont éprouvée, j'en suis sûr ; et je la souhaite ardemment comme une des plus fortifiantes à ceux qui, sans avoir pu atteindre le but même, et, quoique bien méritants aussi, n'ont fait que s'en rapprocher, mais se préparent dans un provisoriat laborieux à affronter, mieux armés, les redoutables épreuves du concours définitif.

Cette salutaire impression, M. Béhier la ressentit plus qu'aucun autre, lui dont l'entrain vigoureux et fécond a su défier, jusqu'à 63 ans, fatigues, douleurs et préoccupations, emporté sans cesse par une ardeur pleine de rayonnement, et voulant toujours voir autour de lui s'accuser, dans ses manifestations multiples, l'*action*, c'est-à-dire la *vraie traduction de la vie*.

On ne s'étonnera donc pas que, recherchant les centres de travail les plus animés, M. Béhier ait aspiré de bonne heure à entrer dans la Société anatomique. Plus que tout autre milieu, elle offrait l'image de cette activité mouvementée qu'affectionnait déjà l'interne dès ses débuts.

Créée le 3 décembre 1803 par Dupuytren, alors chef des travaux anatomiques, tour à tour présidée par le chirurgien de l'Hôtel-Dieu et par Laennec, cette Association de jeunes travailleurs, née du besoin vivement senti de mettre en commun et de faire servir à l'instruction générale les observations et les découvertes, avait vu se grouper autour d'elle les Bayle, les Marjolin, les Dutrochet, Magendie et Cruveilhier. Toutefois, de dures circonstances arrêtèrent un instant son essor, et il fallut attendre cinq ans — après une éclipse passagère, — pour qu'elle brillât de nouveau en 1826.

Rétablie par les soins de Cruveilhier, dont notre cher Président actuel, M. Charcot, a bien souvent retracé devant nous le rôle immense dans le mouvement scientifique de la première moitié du siècle, la Société appela à elle et attira de suite toute la jeunesse studieuse.

M. Béhier n'y manqua pas.

Il comprit qu'il y avait honneur à compter parmi les membres d'une réunion qui s'était déjà fait remarquer par la sévérité et la tendance positive de ses travaux.

Comme on l'a justement dit, les circonstances étaient

favorables: le mouvement d'impulsion communiqué aux études anatomiques dans le commencement du siècle était dans toute sa force ; la jeune école était pénétrée de la nécessité de faire reposer la médecine sur la base inébranlable des lésions organiques ; d'autre part, la Société de la Faculté de médecine venait d'être détruite ; sa ruine laissait sans direction et sans guide le zèle des vrais travailleurs.

Aussi la réapparition de la Société anatomique, encouragée par la Faculté elle-même au sein de laquelle se tenaient ses séances, fut-elle bien accueillie ; les collaborateurs lui arrivèrent de toutes parts ; elles devint en peu de temps le centre et le point de ralliement des élèves les plus laborieux de l'École pratique et des hôpitaux et ne tarda pas à compter dans ses rangs tous les titres qui s'obtiennent par le concours, tous les degrés de la hiérarchie médicale.

Quel milieu scientifique convenait mieux à M. Béhier !

Disciple affectionné de Biett qui a guidé ses premiers pas et auquel il resta longtemps attaché comme élève spécial, dont il fut même le secrétaire intime, il était devenu interne de Guersant et allait avoir l'honneur de compter parmi les élèves d'Andral.

On sait l'influence que ces savants praticiens exercèrent sur la direction de ses études. Personne d'ailleurs n'a mieux que lui proclamé de quelle importance est le choix de nos premiers guides, choix qui domine parfois toute la vie.

Élève, il le sentait déjà ; maître, il aimait à le répéter souvent. Dans l'éloge de Grisolle qui, lui, reflétait si bien Louis et Chomel, M. Béhier, rappelant ses souvenirs d'étudiant, s'écrie :

« Je constate encore souvent, pour ma part, combien cette

« causerie de chaque jour, combien cette action incessante
« d'une même intelligence laissent des traces profondes, ineffa-
« çables dans l'esprit quand, dans telle ou telle idée qui m'as-
« siége, je retrouve l'influence de mes deux maîtres adorés et
« vénérés, Biett et M. Andral. Je sens bien alors que c'est leur
« esprit qui me hante, et si par hasard de nouveaux travaux,
« des découvertes récentes, me font abandonner tel ou tel de ces
« souvenirs, c'est à regret que je les quitte, et je les accom-
« pagne alors longtemps dans mon esprit ; car, en rompant
« ainsi avec les idées amies de ma jeunesse, il me semble
« toujours que je retire à mes maîtres aimés une partie
« du respect que je suis si heureux de conserver pour eux. »

Pensant bientôt qu'il est devenu maître à son tour, que des
disciples en grand nombre se pressent autour de lui, M. Béhier
ajoute :

« Aussi, quand on a bien senti cette action de chaque jour,
« si persévérante, si durable, et qu'on est appelé par l'âge et
« par la situation à lier un semblable commerce avec ceux qui
« vous écoutent, on devient, croyez-le bien, sévère avec soi-
« même, et l'on exerce sur ses paroles et sur ses actes un
« contrôle sérieux, très-profitable du reste et très-salutaire
« pour quiconque a charge non pas d'âmes, mais d'intelli-
« gences. »

En citant les noms des premiers maîtres de M. Béhier, nous
avons suffisamment indiqué combien leur esprit correspondait
à celui qui animait la Société anatomique, alors que, comme
aujourd'hui, persuadée que les faits doivent devancer les doc-

trines et leur servir de base, elle se renfermait dans la science des faits.

Aussi, le jeune interne se pénétra-t-il vite et complétement de l'importance d'une corporation où l'on étudiait à fond « l'organisation dans l'état sain et dans l'état morbide, l'ana-« tomie dans ses relations avec la physiologie, la pathologie « et la thérapeutiqne. »

Dès ses premières communications, dont la liste, déjà longue en 1837, comprend surtout une *Note* importante sur *les tubercules du cerveau*, à propos d'une tumeur de la protubérance annulaire; ainsi qu'un fait intéressant *d'éruption stibiée dans l'œsophage;* et un cas de *mélanose générale du poumon* constatée chez un homme exposé aux poussières du charbon; dès ses premières communications on trouve le reflet de cette solide éducation qui dirige tous les efforts vers l'examen des altérations organiques et des désordres fonctionnels qui leur correspondent.

Ses monographies portent la même marque, soit qu'il utilise, au point de vue de *l'étude des mouvements et des bruits du cœur,* l'observation d'un sujet atteint de *fissure congénitale du sternum* (1855); soit qu'il interprète plusieurs faits de *gangrène des membres dans la fièvre typhoïde* (1857).

Enfin, dans l'important *Traité de pathologie interne* qu'il fit avec la collaboration de son cher compagnon d'études et de succès, M. le professeur Hardy, livre qui restera parmi nos meilleurs classiques, on retrouve ce même soin, cette même exactitude dans la description des lésions. Ces auteurs, en effet, tout en ne méconnaissant pas le danger de donner une place prépondérante à l'anatomie pathologique, procla-

ment bien haut ses services : « C'est à elle, disent-ils, que nous
« sommes redevables en partie de cette précision de diagnostic
« qui forme le plus beau titre de la génération médicale
« actuelle élevée à l'École de Paris. »

C'est encore à l'anatomie pathologique que M. Béhier
apporte une large contribution, lorsqu'il recueille et groupe
les Observations qui servent de si utile complément à ses
premières *Conférences cliniques de la Pitié* (1861-1863). Un
grand nombre des faits qui y sont consignés figurent aussi
dans nos Bulletins, exposés par ses élèves, bien souvent
même à son instigation.

Ce Livre et les travaux qu'il résume précédèrent de peu
l'entrée de M. Béhier à l'*Académie de médecine*, comme
membre de la section d'anatomie pathologique (1866).

Plus tard, M. Béhier continue à se montrer fidèle à cette
même direction de recherches, soit en animant d'un dernier
souffle la *Société médicale d'observation*, soit en acceptant
d'être inscrit parmi les premiers parrains d'une société qui,
dans le peu de séances qu'elle a eues, a cependant jeté un
certain éclat : je veux parler de la *Société de micrographie*.

La science, toutefois, n'a rien perdu à ce que, pour le
moment du moins, ces deux réunions de travailleurs soient
venues se fondre dans notre *Société anatomique* actuelle,
dont je n'ai pas à faire l'éloge devant vous.

Mais les immenses services qu'elle rend, mais la place importante qu'elle a su conquérir, surtout dans ces dernières
années, M. Béhier, loin de les ignorer, avait le droit d'en re-
vendiquer sa part. S'il ne pouvait plus venir aussi exactement
à nos séances, il s'y faisait représenter par ses élèves, citait

publiquement avec éloge nos publications, enrichies bien souvent de faits provenant de son service et y puisait largement pour ses leçons.

N'était-ce pas aussi cette même et vraie méthode scientifique dont il s'inspirait dans *ses leçons de l'Hôtel-Dieu,* et dans ces belles et si complètes Observations dont la lecture seule occupait parfois (et avec quelle utilité!) presque toute une séance? Excellent moyen, soyez-en bien convaincus, Messieurs, de dérouler toutes les phases du cas spécial, d'en faire revivre, comme par la plus exacte photographie, tous les incidents indispensables à la notion pratique qu'il en faut toujours déduire, pour le bien des malades.

Cependant, sur ce théâtre plus vaste, le professeur ajoutait de puissants moyens de contrôle; il était toujours prêt à utiliser tous ceux qu'il pouvait avoir sous la main, et savait s'entourer de tout ce qu'exigent les recherches actuelles.

Aussi s'empressa-t-il de contribuer puissamment avec son cher collègue et ami, M. le professeur Richet, à la création de ces *Laboratoires annexés aux cliniques,* véritables ateliers pratiques, dont· il comprit vite l'importance et dont il recueillit, comme une récompense qui lui était bien due, les premiers avantages, par un accroissement d'influence sur la jeunesse studieuse.

C'est que M. Béhier sentait bien que le devoir d'un maître est en quelque sorte de s'imposer la mission incessante du progrès.

Il succédait, dans l'amphithéâtre, où sont inscrits les noms glorieux de Bichat et de Desault, à Trousseau et à Grisolle, et, comme l'a fort justement écrit l'un de ses panégyristes (1),

____

(1) P. Mercier, *Revue Scientifique,* juin 1876.

« pour un homme comme Béhier, acquérir un honneur, c'était
« contracter un devoir. »

Or, notre maître comprit parfaitement qu'un professeur, en
dehors de l'enseignement pratique ordinaire, a le rôle d'un
initiateur. Il comprit « que les grandes *cliniques de la Fa-*
« *culté de médecine de Paris* ont ceci de particulier qu'elles
« ont à tenir la jeunesse au courant de toutes les acquisitions
« des sciences médicales. »

Des idées nouvelles avaient surgi; de nouveaux procédés
d'investigation étaient mis en œuvre, conduisant à une con-
naissance plus exacte des faits et à des constatations qui je-
taient une lumière précieuse sur bien des points obscurs
jusque-là de la médecinc.

Ce mouvement, commencé en France, avait pris un solide
essor à l'étranger; des missionnaires volontaires en rap-
portaient le récit enthousiaste, essayant de faire une compa-
raison qui pouvait coûter momentanément à notre patriotisme,
mais qui n'était que l'écho de la vérité.

Une sorte de résistance retarda toutefois quelque temps ce
développement progressif. Dans une circonstance solennelle (1),
M. Béhier crut devoir dénoncer, avec sa franche et vigou-
reuse énergie, les obstacles qu'il avait constatés; je ne puis
mieux faire que de lui laisser présenter lui-même la défense
de quelques-uns des maîtres de son temps, parmi lesquels il
avait le droit de se placer à juste titre :

---

(1) Éloge de M. le professeur Grisolle, prononcé à l'Hôtel-Dieu.

« Ces obstacles au mouvement progressif actuel, dit-il, il im-
« porte de les signaler publiquement. D'abord certains esprits,
« chagrins et retardataires de parti pris, nièrent la valeur
« des travaux et des faits qui gênaient leurs idées constituées.
« D'autres, paresseux, endormis dans la quiétude de leurs
« connaissances, repoussèrent absolument ces assertions im-
« portunes, afin de s'éviter l'étude et le contrôle critiques qui
« peuvent seuls permettre de se prononcer hautement contre
« les opinions et les travaux qui se produisent. Il devint de
« mode, chez quelques-uns, de railler et de plaisanter la fougue
« et l'engouement des novateurs qui, disait-on, n'apportaient
« rien d'utile. Pauvres esprits avec lesquels on en a fini fort
« heureusement.

« En outre, ce qui retarda plus complétement encore chez
« nous la vulgarisation de ces progrès et l'examen critique de
« ces découvertes, ce fut, sachez-le bien, cette incurie et ce
« laisser-aller singulier du pouvoir qui, aux lamentations des
« savants, aux sollicitations incessamment formulées par les
« membres du corps enseignant qui voulaient obtenir le per-
« sonnel et le matériel nécessaires à la propagation de ces
« connaissances, répondait d'une façon presque dédaigneuse,
« en faisant sonner bien haut la nécessité de préparer des
« armes nouvelles pour lutter contre un voisin dangereux,
« et en ayant l'air de croire que l'Europe nous enviait notre
« science, comme on disait alors qu'elle nous enviait notre
« administration modèle. C'étaient là des propos honteux que
« j'ai entendus pour ma part avec le rouge au front ; et de-
« puis, hélas ! nous n'avons pas eu la compensation de voir
« ces armes, qu'on préférait si complétement aux instruments

« de la science, prévenir et détourner les désastres de notre
« malheureuse patrie !

  « Cette incurie coupable n'a pas été une des moindres cau-
« ses du retard qu'a subi parmi nous l'évolution de certaines
« connaissances nouvelles. La responsabilité ne nous revient
« nullement, à nous qui avons sans cesse répété nos suppli-
« cations alarmées. Cette responsabilité, on a voulu nous
« l'imputer. Puisque l'occasion se présente, je repousse for-
« mellement et la tête haute cette accusation. A chacun sa
« part, il est plus que temps de bien l'établir et la lumière
« doit être faite. »

Messieurs, longtemps témoin des efforts de mon maître,
associé souvent à ses travaux, maintes fois confident de ses
pensées, j'ai cru qu'il était de mon devoir de rappeler cette
page qui l'honore et qui resterait, soyez-en sûrs, s'il en
était besoin, comme sauvegarde de sa mémoire.

Mais son nom sera toujours, du reste, prononcé avec respect par tous ceux qui, l'ayant bien connu, ont vu que, lorsqu'il fut appelé au glorieux couronnement de sa carrière si
laborieuse, il s'efforça par un travail sans relâche de rester,
pour l'éducation de la jeunesse, à la hauteur de sa mission.

Quoiqu'il sût, à des signes certains, quelle atteinte pro-
fonde avait subie sa santé, il voulut en effet remplir, jusqu'au
bout, cette tâche impérieuse, imposée plus encore aujourd'hui,
si c'est possible, à tout membre de l'Université de France.

L'idée du devoir lui apparaissait inséparable de l'amour de
la Patrie ; il avait vivement ressenti nos désastres, mais il
espérait notre complet relèvement ; et comme sa devise favo-
rite était : *Vouloir fait pouvoir*, il s'efforçait de communiquer

à ses nombreux disciples son ardeur enthousiaste et confiante.

Sans cesse, enfin, il fut soutenu par ce sentiment puissamment développé en lui, qu'il avait, comme on l'a dit, « chargé « de jeunes esprits, destinés à vivre et à progresser après « lui, et ne se croyant pas le droit d'arrêter l'avenir des « connaissances médicales au pied de sa chaire ! »

Et, en ceci, Messieurs, l'on peut affirmer, sans craint d'être démenti par l'avenir, que le professeur Béhier, en donnant à tous ce grand exemple, a marqué sa place d'une empreinte ineffaçable parmi les Maîtres qui ont été les plus utiles à la génération médicale actuelle.

72215   PARIS. — TYP. Vᵉˢ RENOU, MAULDE ET COOK.